LE

BOIS DE BOULOGNE

ARCHITECTURAL

PARIS. — IMPRIMERIE ALCAN-LÉVY, 61, RUE DE LAFAYETTE

LE

BOIS DE BOULOGNE

ARCHITECTURAL

CHOIX DE CONSTRUCTIONS ÉLEVÉES DANS SON ENCEINTE

SOUS LA DIRECTION DE

M. ALPHAND

INGÉNIEUR EN CHEF DES PROMENADES ET PLANTATIONS DE PARIS

PAR

M. DAVIOUD

ARCHITECTE

INSPECTEUR GÉNÉRAL DES TRAVAUX DE LA VILLE DE PARIS

DEUXIÈME ÉDITION

REVUE ET AUGMENTÉE D'UN TEXTE HISTORIQUE ET DESCRIPTIF

PARIS

A. LÉVY, ÉDITEUR, 21, RUE BONAPARTE

1875

LE

BOIS DE BOULOGNE

ARCHITECTURAL

A forêt de Rouvray, dont l'origine se perd dans la nuit des temps, donna naissance au Bois de Boulogne. Au douzième siècle, elle prit le nom de bois de Saint-Cloud, et enfin, au quatorzième siècle, le développement du village de Boulogne fut l'occasion du nom sous lequel nous connaissons maintenant la promenade la plus grande, la plus intéressante et la plus remarquable de Paris.

Une communauté de femmes, fondée en 1256, sous le nom d'abbaye de Longchamps, fut longtemps le but d'une promenade parisienne aux derniers jours de la Semaine Sainte. Avant les grands travaux entrepris au Bois de Boulogne, il restait encore la grange de l'Abbaye, le moulin et une tour datant du treizième siècle. Le moulin et la tour ont seuls été conservés et restaurés.

C'est au Bois de Boulogne que François Ier fit élever, en 1530, le château de Madrid, habité successivement par presque tous les rois de France, jusqu'à la Révolution. Ce château fut vendu en 1793, et il ne reste plus de l'œuvre si remarquable attribuée au Primatice, que quelques faïences décoratives conservées au Musée de Cluny.

Le château de la Muette, construit au dix-huitième siècle par le régent, touchait également au Bois de Boulogne ; il est devenu une propriété particulière.

Enfin, le parc de Bagatelle, construit vers la même époque, et qui est maintenant enveloppé par la promenade publique, est encore une propriété privée.

Les premiers règlements relatifs au Bois de Boulogne furent édictés par Louis XIV et Napoléon Ier. La Restauration y fit faire de nombreuses plantations nécessitées par les désastres que les alliés campés autour de Paris y avaient occasionnés.

Enfin, sous Louis-Philippe, furent créés les pépinières et les aménagements nécessaires à l'entretien du reboisement. Les fortifications détruisirent toute la partie du bois confinant à Auteuil et à Passy, et, en 1848, le bois cessa d'appartenir à la liste civile pour revenir à l'État. La loi du 13 juillet 1852 vint transformer cette propriété en la cédant à la Ville de Paris, à la charge de subvenir à toutes les dépenses de surveillance et d'entretien, d'y exécuter pour une somme minimum de deux millions de travaux et de conserver aux terrains concédés leur destination de promenade publique.

Dès 1853, on commença par creuser les deux lacs du centre et par tracer les routes qui les entourent ; c'est avec les terres provenant de ces fouilles que fut créée la butte Mortemart, point élevé de la promenade d'où l'on découvre une partie des environs de Paris.

C'est à partir de 1855 que les travaux du Bois de Boulogne furent confiés à M. Alphand, ingénieur des ponts-et-chaussées, ayant sous ses ordres M. Darcel, ingénieur ; M. Barillier, jardinier ; MM. Davioud et Hugé, architectes ; et M. Pissot, conservateur de cette promenade.

Une loi du 13 avril 1855, autorisa l'acquisition de la partie nord de la plaine de Longchamps et du parc de Madrid-Maurepas, pour les réunir au Bois de Boulogne, tout en permettant à la Ville de Paris l'aliénation à son profit de toutes les zones isolées par les fortifications, ainsi que les deux zones extrêmes situées sur le territoire des communes d'Auteuil, de Boulogne et de Neuilly, délaissées par les promeneurs.

Cette importante amélioration dans la configuration du bois permit son agrandissement vers la partie la plus pittoresque, tout en produisant des ressources à la caisse municipale, les parties à aliéner étant très favorables à la construction de propriétés d'agrément ; cette disposition permit également la création de boulevards extérieurs et l'établissement de sauts-de-loup s'étendant depuis Auteuil jusqu'à la Seine d'une part, et depuis les Ternes jusqu'à la Seine d'autre part.

Délimitée ainsi par la Seine à l'ouest, Neuilly au nord, les fortifications à l'est, et Auteuil au sud, la grande promenade de Paris se trouve posséder une surface totale de 846 hectares, tandis que, en 1848, elle ne possédait qu'une surface de 767 hectares.

Les travaux exécutés depuis 1855 jusqu'à 1858, époque considérée comme celle de l'achèvement des travaux, ont compris :

1° La transformation des allées droites en routes sinueuses et la création des allées pour les cavaliers et les piétons ;

2° L'établissement des pièces d'eau et des ruisseaux, et celui des cascades de la Mare-aux-Biches et de Longchamps ;

3° La création des pelouses autour des lacs et celle des percées ménagées vers la Muette, le Point-du-Jour, Boulogne, Saint-Cloud et le Mont-Valérien ;

4° La plantation des arbres et arbustes de choix dans les îles, les cours d'eau, les routes principales, et le reboisement des allées supprimées ;

5° La construction des grottes et des châlets des îles et des lacs ;

6° La construction des pavillons d'agrément pour le public dans l'intérieur du bois ;

7° La construction des pavillons de gardes et des grilles d'entrée ; celle des casernes d'habitation des gardes ;

8° L'établissement des pavillons d'octroi nécessaires aux diverses entrées et au bord de la Seine ;

9° L'appropriation et la plantation des surfaces réunies au Bois de Boulogne ;

10° L'ajustement, la réparation et l'appropriation des bâtiments conservés dans l'enceinte des parties nouvellement acquises ;

11° La construction des tribunes de Longchamps, sur l'emplacement de l'Hippodrome concédé à la Société d'encouragement pour les courses publiques de chevaux, aux termes du décret du 29 août 1854.

Nous n'entreprendrons pas de décrire ici toute la partie relative aux travaux des ponts-et-chaussées et de jardinage ; nous renvoyons le lecteur, pour ce qui regarde ce point, au livre des *Promenades de Paris*, de M. A. Alphand, l'éminent Directeur des Travaux de Paris, ouvrage auquel nous ferons de fréquents emprunts pour le travail que nous poursuivons.

Toutefois, nous croyons devoir mentionner ici le résultat financier de l'opération de transformation du Bois de Boulogne, extrait du même ouvrage :

Travaux . . . . fr.   7.473.836   45
Achat d'immeubles réunis au bois (Parc de Madrid et Plaine
    de Longchamps) . . . . fr.   6.878.168   50

Total . . . . . fr.   14.352.004   95

Report . . . fr. 14.352.004 95

La vente des terrains déjà réalisée et celle restant à faire, calculée
sur le prix des parcelles vendues et autres recettes diverses,
donnent . . . . fr. 8.779.365 22

Reste . . . . fr. 5.572.639 73

A déduire, pour les dépenses à la charge de l'État, la moitié des
sommes dépensées dans l'Hippodrome. (Décret du
29 août 1854.) . . . . fr. 2.110.513 27

La Ville de Paris n'aura donc dépensé pour le Bois de Boulogne
et ses dépendances que . . . . fr. 3.462.126 46

On peut donc estimer que cette grande opération, si habilement menée à fin
par les grands administrateurs qui l'ont dirigée, aura doté la capitale d'une promenade
exceptionnelle faisant l'admiration des étrangers, l'agrément du séjour à Paris, tout en
développant autour de cette promenade un nombre considérable de constructions
d'agrément.

PAVILLONS AUX ENTRÉES DU BOIS

Seize des entrées du Bois de Boulogne possèdent un ou deux pavillons destinés à loger les gardes-portiers ou forestiers ; ils servent de plus à terminer les extrémités des grilles, en opérant la clôture des sauts-de-loup.

On comprend que la situation des lieux et le besoin d'éviter la monotonie n'ont pas fait admettre un seul modèle de pavillon. Nous donnons la série variée de ces petites constructions, lesquelles peuvent être divisées en cinq variétés de modèles.

PREMIER MODÈLE. — Les pavillons exécutés aux *portes de Boulogne* et de l'*Hippodrome* se composent à rez-de-chaussée d'une salle, d'un salon et d'une cuisine, et au premier étage de trois chambres à coucher. Une petite *loggia* ou *bowindo* permet, de l'intérieur du salon, de voir à l'extérieur des grilles ; la façade du pavillon est irrégulière, c'est-à-dire que l'entrée est placée sur le côté ; la construction est en pierre dure pour l'assise de retraite, et en banc royal pour toute la pierre apparente ; les parties de remplissage des murs sont en briques de Bourgogne de deux tons. Le comble formant saillie sur les murs est en charpente, avec lambrequin découpé au pourtour des pignons et égouts ; l'ardoise qui le couvre est de deux tons, ardoises d'Angers et de Mézières mélangées, formant compartiments. Les têtes de cheminées sortant au-dessus du toit sont en pierre et brique, surmontées de tuyaux de cheminées en terre cuite exécutés sur modèles spéciaux. Le bowindo est couvert en pierre avec balustrade à jour au pourtour ; cette disposition sert de balcon à la chambre du premier étage. Les pavillons de ce modèle ont coûté chacun . . . . fr. 22.291 30

DEUXIÈME MODÈLE. — Les *portes des Princes*, de *Saint-Cloud*, des *Sablons* et de *Madrid*, possèdent chacune deux pavillons de ce modèle. Ces pavillons sont établis sur plan rectangulaire de 5ᵐ sur 10ᵐ 60 ; ils se composent d'une salle et d'une cuisine à rez-de-chaussée et de deux chambres au premier étage.

La construction est en pierre et brique analogue à celle des pavillons du modèle précédent ; le comble est en charpente avec pignon à ogive en bois assemblé et relaie. Deux lucarnes en pierre éclairent chaque face de long pan. Les pavillons de ce modèle ont coûté chacun. . fr. 18.300 67

Troisième Modèle. — Les pavillons dits du troisième modèle sont ceux placés de chaque côté de la *Porte Maillot*. Ils se composent d'une salle et d'une cuisine à rez-de-chaussée, de deux chambres au premier étage et d'un escalier en tourelle, en saillie, permettant d'accéder du rez-de-chaussée au premier étage ; un *bowindo* placé dans la salle sert à permettre aux gardes qui l'habitent, de voir à l'extérieur de la grille tout en restant à l'intérieur du bois. La construction est de même nature que celle des pavillons précédents ; l'aspect n'en diffère qu'en ce que l'égoût du comble n'est pas en saillie sur les constructions et est maintenu dans les couronnements en pierre des murs pignons. Une lucarne en pierre est placée au-dessus du bowindo extérieur. Les pavillons de ce modèle ont coûté chacun . . . . fr. 20.003 46

Quatrième Modèle. — La *Porte de Neuilly* possède deux pavillons de ce modèle. Ces pavillons ont une forme rectangulaire de 4^m 60 de large sur 10^m de longueur, non compris porche et bowindo ; ils se composent d'une salle et d'une cuisine à rez-de-chaussée, de deux chambres et d'un cabinet au premier étage. L'entrée du pavillon est placée sur le grand côté, mais non dans l'axe ; elle est abritée par un porche composé de deux colonnes et d'un entablement en pierre. Un bowindo extérieur, donnant dans la salle, permet, comme dans les modèles précédents, de voir de l'intérieur la face extérieure de la grille. Ces pavillons sont construits en pierre et brique comme les précédents, et le comble est maintenu entre les murs pignons. Deux lucarnes en pierre sur les longs pans du comble éclairent les pièces du premier étage. Chacun des pavillons de ce modèle a coûté . . . . fr. 22,676 23

Cinquième Modèle. — Les pavillons de ce modèle sont ceux qui accompagnent seuls les portes ci-après : *de la Seine, de Bagatelle, Dauphine, Saint-James, des fortifications, de Passy et de la Muette ;* ils ne sont pas tous identiquement les mêmes, mais ils sont tous à un seul étage à rez-de-chaussée et comprenant une salle, une chambre à coucher et une cuisine ; quelques-uns possèdent des porches, d'autres un bowindo circulaire ; leur couverture est à longs pans et croupe avec chéneau en pierre au pourtour ; ils sont construits en pierre et brique comme les précédents et couverts également en ardoise à deux tons. Ces pavillons ont coûté chacun en moyenne . . . . fr. 19.518 80

GRILLE DE POURTOUR

Le Bois de Boulogne est clos, du côté ouest, par les fortifications de Paris, à l'est par la Seine, et au nord et au sud par des sauts-de-loup. Depuis que l'octroi de Paris s'étend jusque dans l'intérieur du Bois de Boulogne, on a supprimé les grilles d'entrée des Portes Dauphine, de la Muette et de Passy ; ces grilles avaient été d'ailleurs déposées au moment du siége de Paris. A l'heure qu'il est, les portes Maillot, des Sablons, de Neuilly, de Saint-James, de Madrid, Bagatelle et de la Seine au nord sont pourvues de grilles, et les portes d'Auteuil, de Boulogne, de l'Hippodrome, de Saint-Cloud et de Suresnes en sont pourvues au sud. On avait utilisé, autant que possible, les anciennes grilles du Bois dans les parties confinantes aux fortifications; la porte Dauphine, celle à l'extrémité de l'avenue de l'Impératrice, était close par une grille exceptionnellement soignée, exécutée en fer forgé et tôle repoussée; elle se développait à plusieurs ventaux dans une largeur de 40 mètres; déposée pour faire place à une escarpe bastionnée, exécutée pendant le siége, elle n'a pas été replacée depuis.

Les entrées du Bois, exécutées depuis sa transformation, ont été fermées par des grilles d'un dessin uniforme et d'une grande simplicité. Nous donnons un spécimen de ces grilles à la planche 3o. Ces clôtures se composent de quatre traverses à trous renflés traversées par des barreaux en fer carré.

Ces barreaux forment sur la traverse supérieure une galerie de pointes alternées de hauteur, liées entre elles par des rinceaux en fer forgé maintenus par des bagues. Ces grilles possèdent de distance en distance des pilastres résistants, maintenus à l'intérieur par des arcs-boutants en volutes. Ces pilastres sont plus ornés que la partie courante de la grille et possèdent, à leur partie supérieure, les armoiries de la Ville surmontées d'une lanterne à gaz. Le nombre et la disposition des grandes portes et des guichets varient, comme on le comprend, selon la dimension des chaussées et trottoirs et suivant les besoins de la circulation; quelques-unes de ces grilles, notamment celle de Suresnes, sont maintenues par des pilastres en pierre avec scellement des traverses horizontales ajustées à dilatation.

L'ensemble des grilles du Bois de Boulogne s'est élevé pour

la maçonnerie à la somme de . . . . fr.		7.237 87
la serrurerie —		134.284 48
la peinture —		5.727 »
Total . . . . fr.		157.249 35

KIOSQUE DE L'ILE

Cette construction est en quelque sorte la première qui ait été ordonnée au Bois de Boulogne transformé ; elle est située à la pointe sud de l'île du grand lac. Elle se compose d'un petit pavillon octogone de 3ᵐ 20 de diamètre intérieur, destiné à servir de salle de repos ; le pourtour s'enveloppe d'un large balcon en bois avec bancs, destiné à permettre de s'y asseoir pour jouir de la vue de la cascade, du lac et des promeneurs qui circulent au pourtour. Le soubassement du kiosque se compose d'une petite salle circulaire servant de remise à outils de jardinage dont le mur est construit en briques de deux tons et dont le soubassement en pierre a la forme d'un banc permettant cette fois de s'asseoir à l'ombre du balcon placé au-dessus. On atteint le niveau de la petite salle du premier étage à l'aide d'un escalier extérieur en bois, dont la hauteur est diminuée par un mouvement de sol au pourtour de la construction.

La salle du kiosque proprement dite est éclairée par six baies garnies de verre de couleur et par deux portes vitrées de la même façon. Un comble en calotte avec bords saillants porté par des consoles accentue la forme pittoresque de cette petite construction. Un épi en plomb surmonté d'une girouette représentant le vaisseau municipal domine le comble, lequel est couvert en ardoise taillée en écaille. L'ardoise employée provient des carrières d'Angers et de Mézières ; le bleu foncé et le gris verdâtre qu'elles affectent ont permis d'exécuter, pour la première fois à Paris, des dessins réguliers sur un comble couvert en schiste. L'effet qui en résulte a été trouvé assez satisfaisant pour que ce moyen de décoration et de couverture ait été généralisé sur les combles des pavillons de gardes. Le sol intérieur du kiosque est parqueté d'une mosaïque de bois d'acajou, d'érable et de chêne. Tout l'ensemble de cette construction a été exécuté avec le plus grand soin et fait le plus grand honneur à la maison Bonhomme frères, qui a exécuté la menuiserie et la charpente sur les dessins de l'architecte.

Ce pavillon a coûté, y compris les frais de transport de matériaux de la rive dans l'ile, la somme de . . . . fr. 26.000 »

EXÈDRE

L'île du grand lac forme, à son extrémité nord, une pointe de l'angle de laquelle on jouit d'un panorama demi-circulaire fort intéressant; en face, les eaux du lac, l'ancien rond royal, et au pourtour, les allées de promenade les plus fréquentées du Bois de Boulogne. Il s'agissait donc de placer là un abri demi-circulaire d'où le promeneur assis sur un banc pût jouir de l'ensemble pittoresque de cette partie du bois. La composition comporte un comble à deux égouts sur plan demi-annulaire; seize points d'appui supportent ce comble et le banc est adossé au demi-cercle inscrit. Du côté de l'île, les points d'appui sont réunis par des treillages permettant à des plantes grimpantes de s'y fixer, et, du côté du lac, les arcades sont maintenues à jour afin de dégager la vue.

Toute cette construction, à partir du socle qui est en pierre d'Euville, est exécutée en chêne refait, mouluré et assemblé avec le plus grand soin; les égouts du comble et les balustrades sont en planches découpées à jour. Le comble surmonté d'une crête ornée en bois est couvert en ardoises de Mézières et d'Angers formant dessins; le sol intérieur est en bitume de plusieurs couleurs; enfin, le pourtour de cet exèdre est planté de fleurs qui en rendent la station fort agréable.

Cet édicule a représenté une dépense de . . . . fr. 7.283 75

EMBARCADÈRES

L'administration ayant décidé que les promeneurs seraient admis à louer des barques sur le lac, il fut nécessaire de pourvoir au service par l'établissement de quais d'embarcation et par la création d'un petit bureau de receveur, avec bancs pour le public.

L'embarcadère proprement dit ou quai se compose d'une balustrade avec poteaux élevés pour faciliter la descente dans les embarcations; le tout est en bois de chêne, et la rive du quai est protégée par un bourrelet de cuir permettant l'accotement des bateaux sans redouter l'écorchement du bois.

Le bureau du receveur ne peut contenir qu'une seule personne; il est vitré au pourtour, à droite et à gauche sont disposés des bancs doubles avec sièges ouvrants, en forme de caissons, pour le rangement des agrès des bateaux.

Le bureau et les bancs sont couverts par un comble à deux égouts avec pignons; le tout exécuté en charpente et menuiserie, assemblées, moulurées et découpées avec soin; le sol, protégé par une bordure de trottoir, a été exécuté en asphalte de couleur.

Chaque embarcadère avec son quai a coûté . . . . fr. 5.525 »

BRASSERIE DU PRÉ-CATELAN

Parmi les constructions élevées au Bois de Boulogne, aux frais de concessionnaires, on distingue particulièrement la brasserie, petit établissement placé entre la route du pré Catelan et la petite rivière qui traverse la concession. Cet établissement est destiné à la vente et à la consommation de bière et de rafraîchissements ; il se compose d'une petite salle fermée de 58^m 5o de surface, précédée du côté ouest d'un porche ouvert et, du côté sud, d'une véranda complètement ouverte, destinée à protéger les consommateurs des rayons du soleil, tout en les laissant jouir de la vue du Pré-Catelan et des promeneurs qui y circulent. Du côté de l'est, la salle de la brasserie possède une annexe pour la descente au sous-sol, dans laquelle est disposée une vaste cave aménagée pour le dépôt des liquides.

La partie inférieure de la construction jusqu'au sol de la brasserie est seule en maçonnerie ; tout le surplus du bâtiment est en bois de chêne découpé et mouluré avec planches assemblées et ajourées. Le porche comprend un pignon dont l'ajustement original produit un bon effet. La salle proprement dite est entourée de vitraux de couleur, et les parois intérieures sont garnies de mosaïques de bois de différents tons ajustées avec soin.

Cette petite construction placée au milieu des arbres, entourée de fleurs, et en vue même de la promenade, est très fréquentée.

PHOTOGRAPHIE DU PRÉ-CATELAN

Parmi les établissements du Pré-Catelan, on avait admis que le public trouverait avec plaisir un atelier de photographe. À cet effet, il fut élevé un bâtiment à deux étages comprenant, à rez-de-chaussée, un salon d'attente avec dépôt d'appareils et cage d'escalier pour conduire à l'atelier du premier étage, largement ouvert à une bonne orientation sur la promenade même du parc. L'atelier du premier étage offre une surface plus grande que les localités du rez-de-chaussée, grâce à des encorbellements de constructions en bois supportées par des murs inférieurs en maçonnerie. Des annexes secondaires à cet atelier complètent les dépendances d'un établissement aussi spécial.

La construction, en maçonnerie dans la partie inférieure, est, comme nous l'avons dit, en bois dans la partie en dessus. Depuis la chute de l'entreprise du Pré-Catelan, l'ancien établissement de photographie a été transformé en une volière, mais c'est là une utilisation qui n'en justifie pas la forme apparente ; il importe de tenir compte du programme originaire pour s'expliquer les dispositions actuelles.

BUREAU DU CONTROLE DU PRÉ-CATELAN

La petite construction dont nous donnons le détail est une sorte de meuble, susceptible de se transporter d'un point à un autre en la posant sur un petit socle en briques. Elle est tout entière en chêne et sapin, assemblés et ajustés; le toit qui la surmonte est orné de lambrequins de bois découpés. Les plates-formes intérieures sont saillantes sur le soubassement, afin de permettre le transport facile de l'édicule; son usage consiste à abriter un employé-surveillant ou contrôleur.

PAVILLON D'ARMENONVILLE

Le pavillon d'Armenonville est une construction dont l'origine est fort ancienne; elle existait bien avant la transformation du Bois de Boulogne. Le concessionnaire actuel a obtenu une prolongation de son privilége à la condition d'augmenter son établissement et de le transformer à l'extérieur, de façon à le mettre en harmonie avec les embellissements de la promenade publique. La partie que nous donnons ne comprend que l'annexe récemment exécutée. Cette annexe comprend à rez-de-chaussée, un vestibule, un café, un cabinet pour le maître de l'établissement, une lingerie et une verrerie; un grand escalier dans l'axe de la porte principale conduit d'abord à l'entresol où sont disposés huit cabinets particuliers, dont cinq à feu; le même escalier conduit au premier étage où une salle de banquets de 100 mètres de surface, accompagnée de petits salons, permet de recevoir un grand nombre de convives; au-dessus de cette salle est disposé le logement du chef de l'établissement.

Le rez-de-chaussée et l'entresol sont construits en maçonnerie enduite; le premier étage et tout le pignon qui le surmonte sont en bois apparents relaits, moulurés et découpés, avec balcon en saillie au droit des baies principales. Les remplissages dans l'intervalle de la charpente apparente sont en maçonnerie de briques recouverte en faïence émaillée. Un porche en bois décoré protége la porte d'entrée.

Le restaurant du pavillon d'Armenonville reçoit en été un nombre considérable de consommateurs; les localités intérieures y sont insuffisantes et le public y consomme volontiers sur des tables placées à l'extérieur au pourtour; la situation, du reste, est très favorable : placé à l'extrémité d'un petit lac, enfermé dans une enceinte d'arbres, de bosquets et de fleurs, ce séjour y est des plus agréables et l'on s'explique la vogue qu'il a obtenue.

Les travaux de construction principale et de décoration de l'ancienne partie ont représenté une dépense de. . . . . fr. 38.720

BUFFET DE LA CASCADE

L'administration ayant jugé qu'il convenait de concéder une surface de terrain dans le voisinage de la cascade pour y élever un buffet, un concessionnaire fut autorisé à y construire, moyennant une redevance annuelle, un pavillon destiné à la consommation sur place, c'est-à-dire à la vente de rafraîchissements et de gâteaux. Depuis sa construction primitive, le buffet en question a été considérablement augmenté, et transformé en un restaurant muni de toutes les dépendances nécessaires. Nous donnons seulement les plans et l'élévation de la construction originaire.

Le buffet de la cascade possédait à l'origine une grande salle de consommation de 105 mètres de surface, contenant au centre un buffet, et latéralement des espaces pour petites tables de consommateurs. En arrière et de plain-pied, une buvette avait été ménagée pour les consommations de moindre valeur, susceptible d'être fréquentée par les domestiques et cochers. Entre la buvette et le buffet étaient disposés deux escaliers chevauchés, permettant l'accès de quelques cabinets particuliers au-dessus de la buvette, sous lesquels des descentes étaient ménagées pour le service des caves et de la cuisine-pâtisserie placée en sous-sol.

Toute cette construction était en bois apparent mouluré et sculpté, avec remplissage en brique jointoyée ; l'intérieur du buffet était décoré de peintures appropriées à sa destination.

La transformation actuelle comporte un premier étage sur le bâtiment de face, la création d'une vérandah circulaire en avant, l'allongement de la partie postérieure, toutes choses qui ont pu être justifiées par la faveur du public et par l'impossibilité de le recevoir dans les anciennes localités ; mais elles ont ôté à la construction primitive le caractère et les proportions d'une chose conçue et ordonnée en vue d'une destination définie.

Comme au pavillon d'Armenonville, les consommateurs de la belle saison se placent volontiers au pourtour du pavillon que nous venons de décrire ; des bosquets sous bois leur ont d'ailleurs été ménagés avec art, et des constructions secondaires permettent aux chevaux et aux équipages d'y trouver une hospitalité complète.

La construction originaire du buffet de la cascade représente une dépense de. . . . fr. 47.841

GRAND CHALET

Le chalet dont nous donnons l'élévation principale et dont la superficie est de 160 mètres, a été construit dans la grande île du lac inférieur. Destiné à servir de buffet et de restaurant, il fut l'objet d'une concession faite à un entrepreneur de constructions suisses qui y importa un spécimen de ces imitations des habitations de l'Oberland. Construit entièrement en sapin mouluré et sculpté, il offre un certain intérêt d'exécution. Malheureusement pour l'opération industrielle, l'obligation de traverser la rivière pour s'y rendre le rend peu fréquenté des consommateurs.

CHALET DE LA MARE D'AUTEUIL

Le chalet de la mare d'Auteuil, dont la superficie est de 66 mètres, est le résultat d'une concession faite à un entrepreneur de constructions suisses. Il se compose d'un rez-de-chaussée élevé sur un soubassement de maçonnerie et de brique. La composition comporte une partie centrale plus élevée, contenant une pièce d'entrée, un office et une cage d'escalier conduisant au logement du limonadier placé au-dessus. Les parties latérales largement ouvertes servent de salles de consommation ; des tables sont disposées au pourtour, pour la belle saison.

La construction et la décoration de ce petit bâtiment sont les mêmes que celles du grand chalet de l'île, mais avec moins de luxe de sculpture.

MAISON PELLETIER

L'ancien Bois de Boulogne et les parties annexées possédaient, au moment de la transformation de cette promenade, des maisons de campagne ou même des maisons de cultivateurs, dont la situation, la solidité ou les besoins du service ont permis la conservation; seulement, il convenait d'ajuster les aspects extérieurs avec le caractère pittoresque et d'agrément que la promenade devait prendre. A cet effet, l'administration décida qu'un *habillage* extérieur de ces anciennes constructions serait fait, tout en permettant de loger des gardes à l'intérieur des pavillons.

La maison Pelletier, du nom de son propriétaire, est du nombre de celles dont la transformation fut décidée. Nous donnons l'élévation du pignon de cette maison, montrant l'ajustement de rampes extérieures et la création de balcons combinés à cet effet. La gravure montre l'emploi de la maçonnerie dans les parties inférieures et celui de bois apparents, taillés, découpés et chantournés pour la partie supérieure.

TABLE DES PLANCHES

CONTENUES DANS LE « BOIS DE BOULOGNE »

Les nᵒˢ précédés d'un astérisque sont des planches chromo.

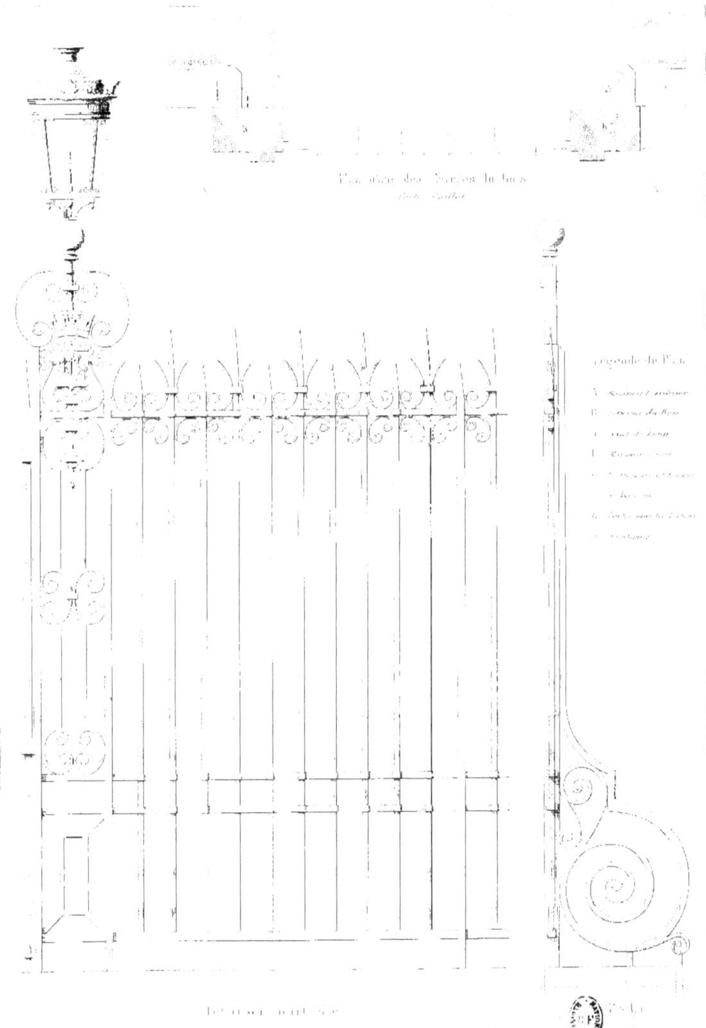

Façade Principale

PAVILLON DE GRAVONVILLE

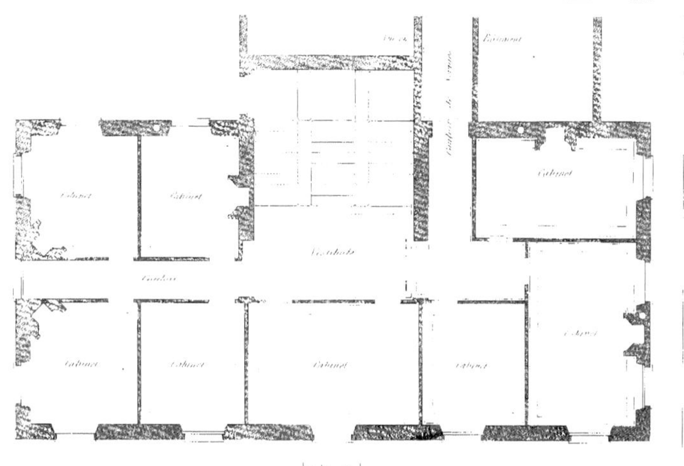

Entresol

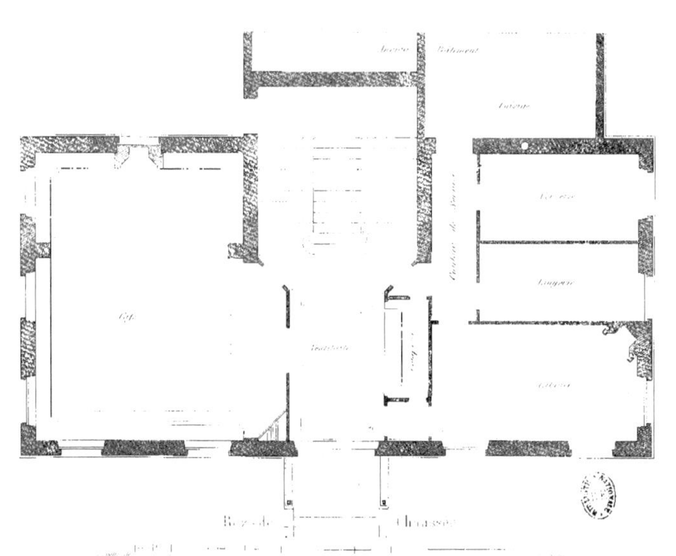

PAVILLON D'ARMENONVILLE
PLANS

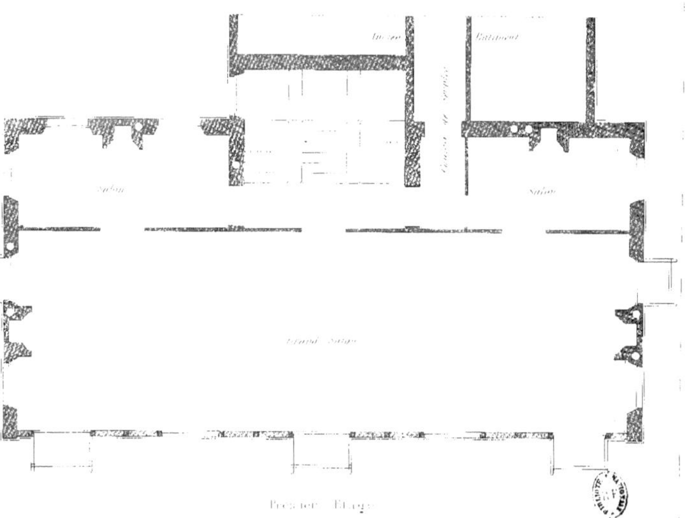
Premier Étage
PAVILLON D'ARMENONVILLE — EFFET DE LA CASCADE

PAVILLONS DE LA PORTE DAUPHINE

EMBELLISSEMENTS DU BOIS DE BOULOGNE

MAISON DE GARDE

MAISON DE GARDE

Portes de Boulogne et de Longchamps.

EMBELLISSEMENTS DU BOIS DE BOULOGNE

EMBELLISSEMENS DU BOIS DE BOULOGNE

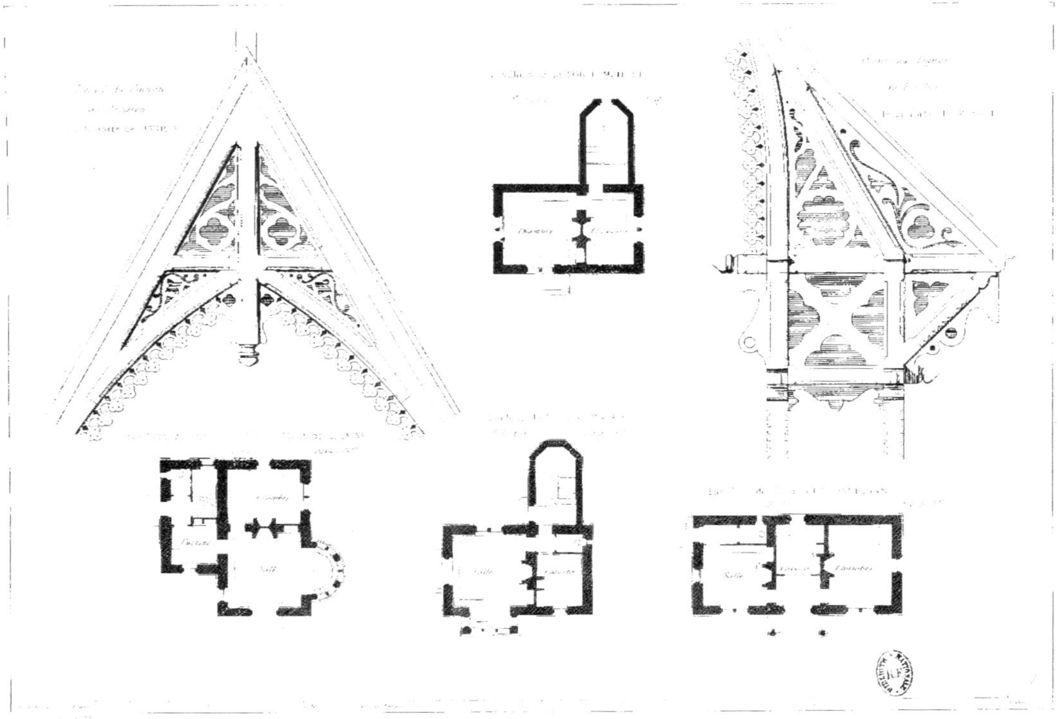

ÉGLISES DE BOULOGNE SUR SEINE

EXEDRE

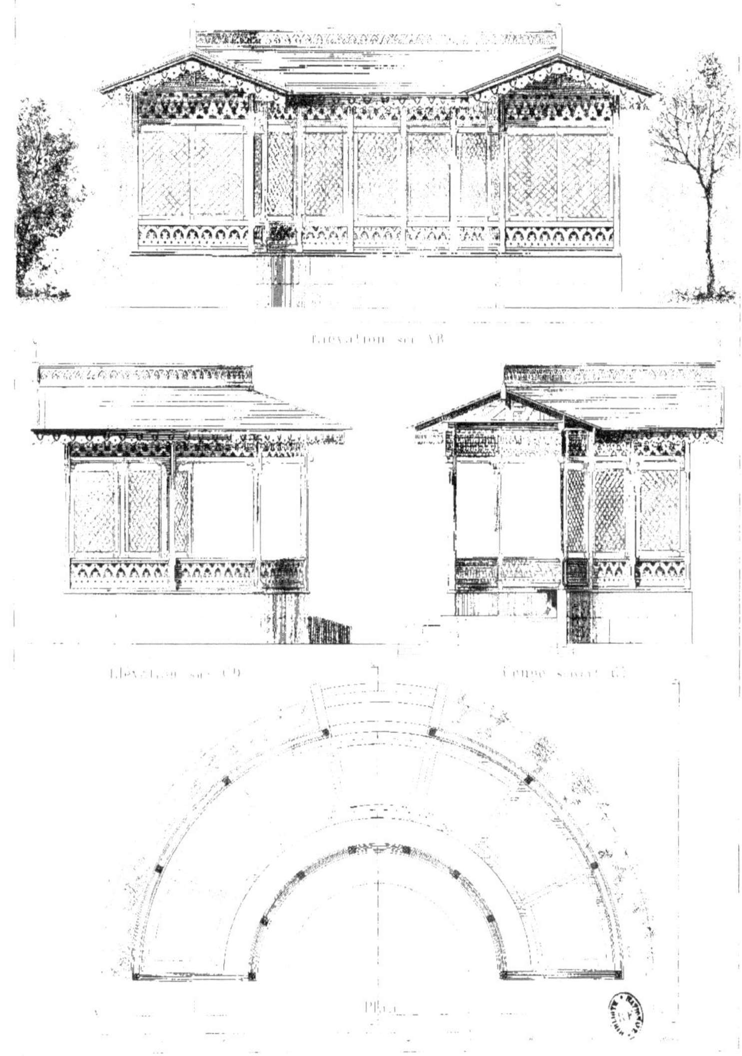

Élévation sur AB
Élévation sur CD
Coupe suivant CD
Plan
N° 45
extrémité Nord de la grande île

PAVILLON DE LA PORTE DE NEUILLY

CHÂLET dit MAISON PELLETIER.

LE BOIS DE BOULOGNE. ARCHITECTURE.

EMBARCADÈRES SUR LES LACS.

BANCS avec ABRIS sur le bord des Lacs

PAVILLON DE LA PORTE DE LA SEINE

EMBELLISSEMENTS DU BOIS DE BOULOGNE

PAVILLONS DE LA PORTE DE MADRID.

KIOSQUE JAPONAIS

GRAND CHALET.

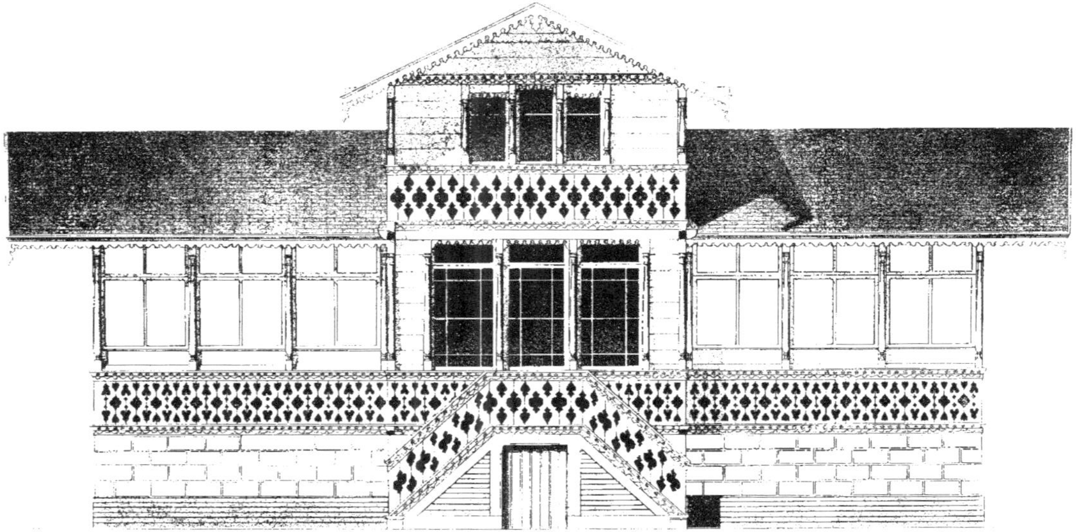

EMBELLISSEMENS DU BOIS DE BOULOGNE

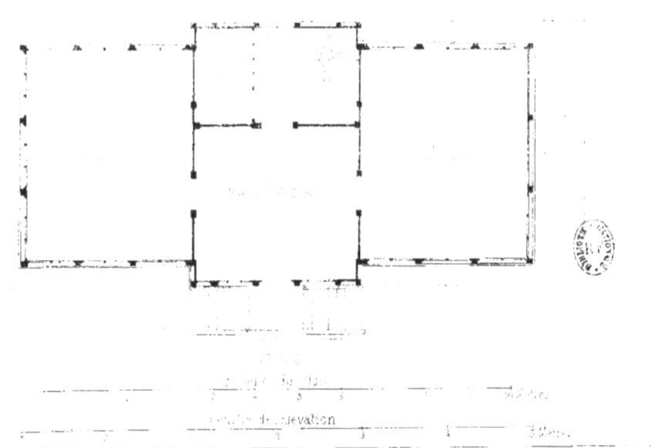

EMBELLISSEMENS DU BOIS DE BOULOGNE

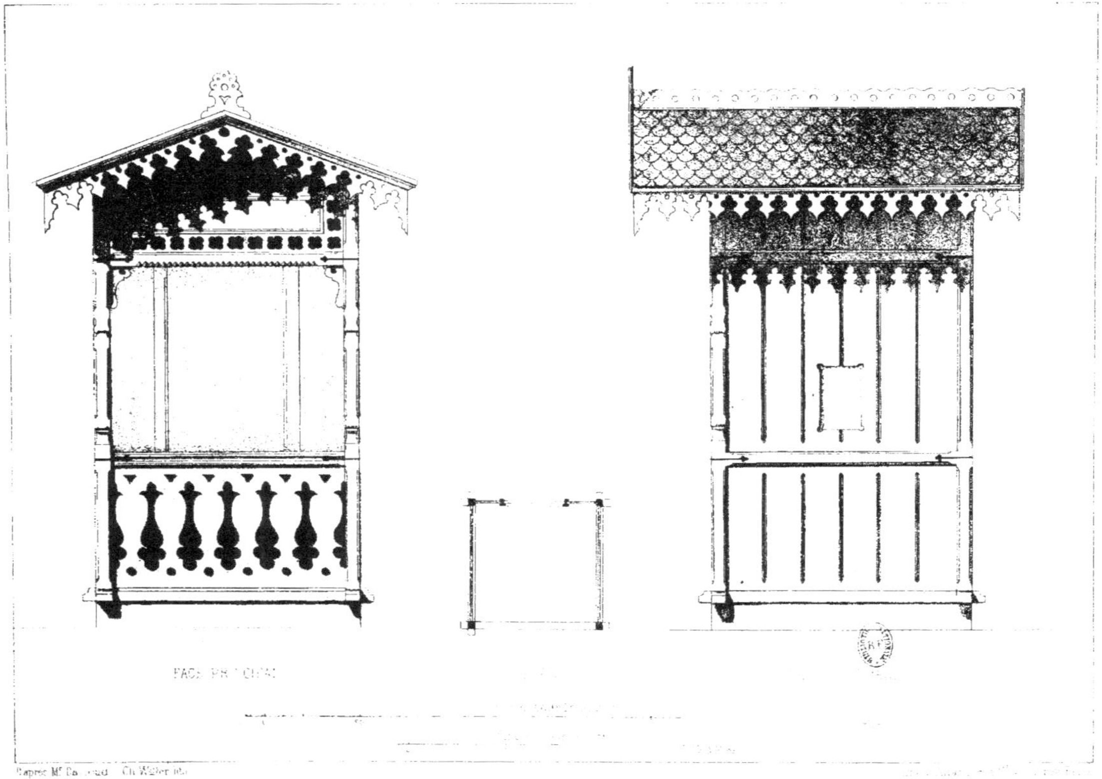

PRÉ CATELAN — BUREAU DU CONTROLE

BUFFET DU PRÉ CATELAN

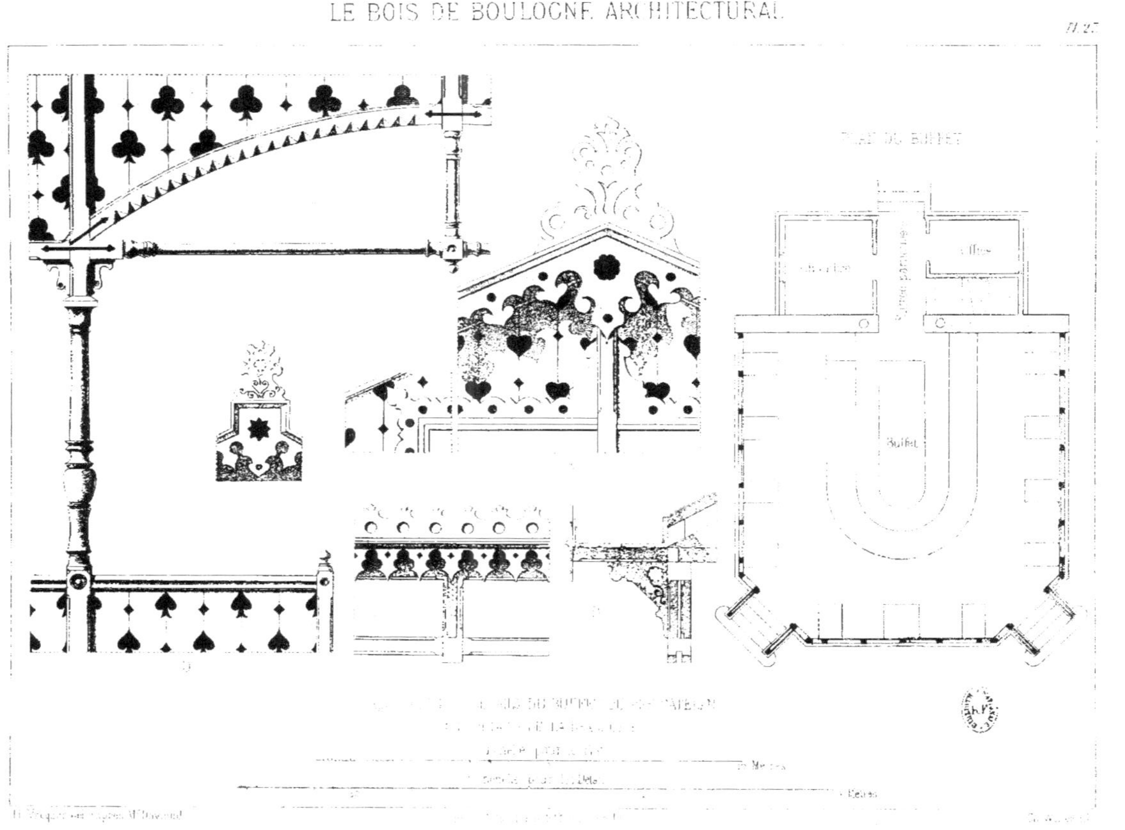
PLAN DU BUFFET
Buffet

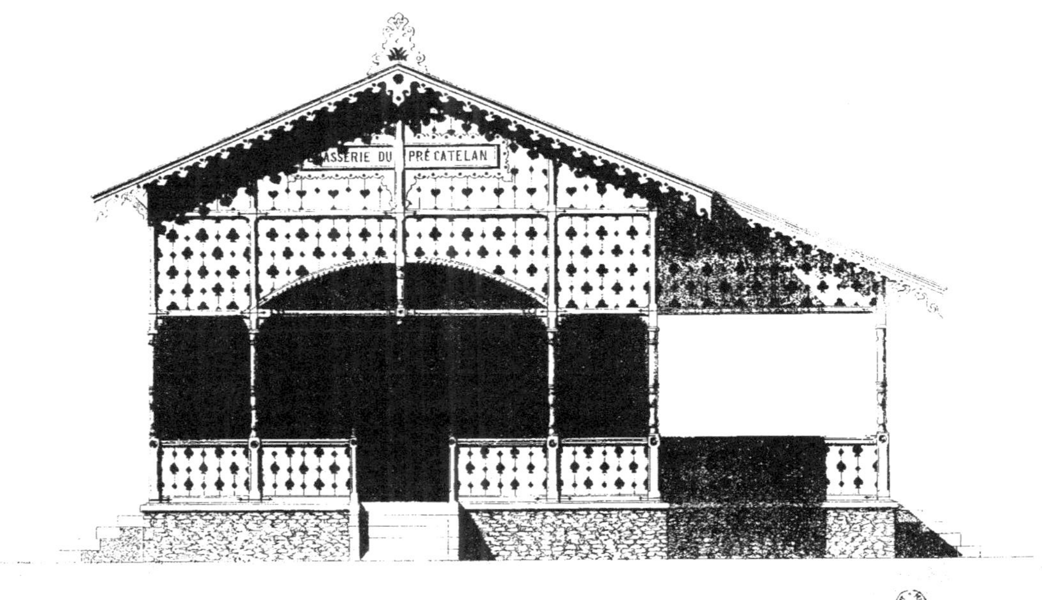

BRASSERIE DU PRÉ CATELAN

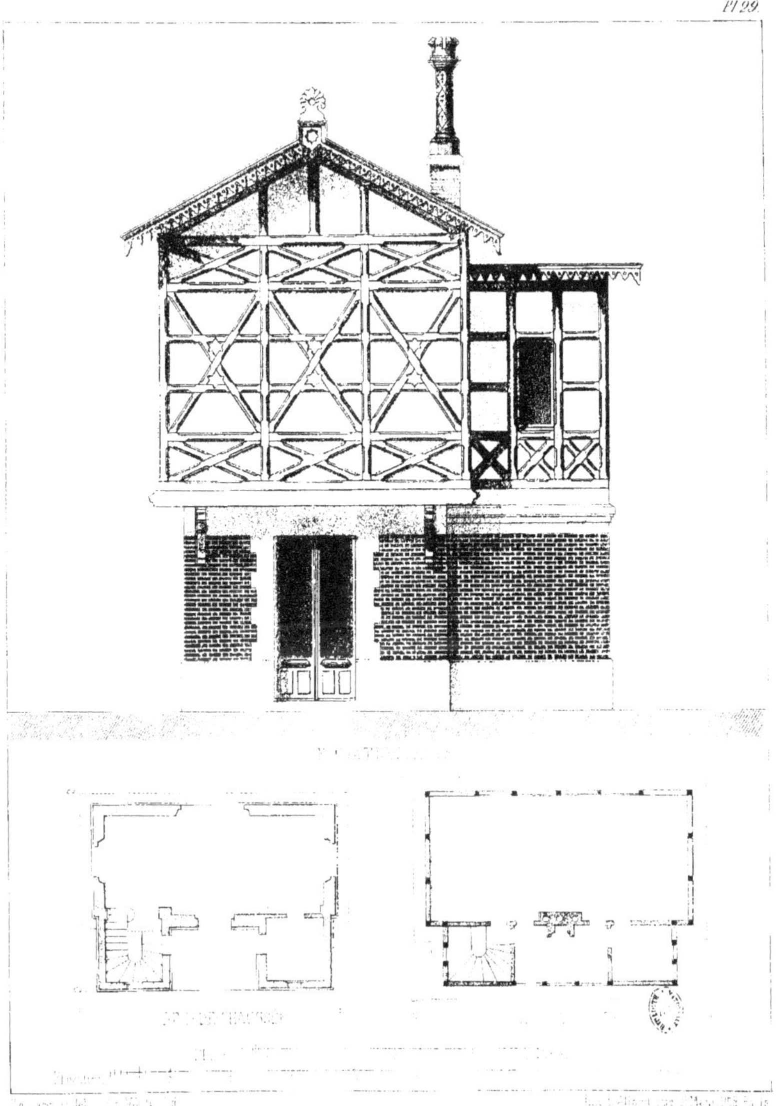

PRE CATELAN .... PHOTOGRAPHIE

LE BOIS DE BOULOGNE ARCHITECTURAL
ÉLEVATION
PRÉ CATELAN PHOTOGRAPHIE

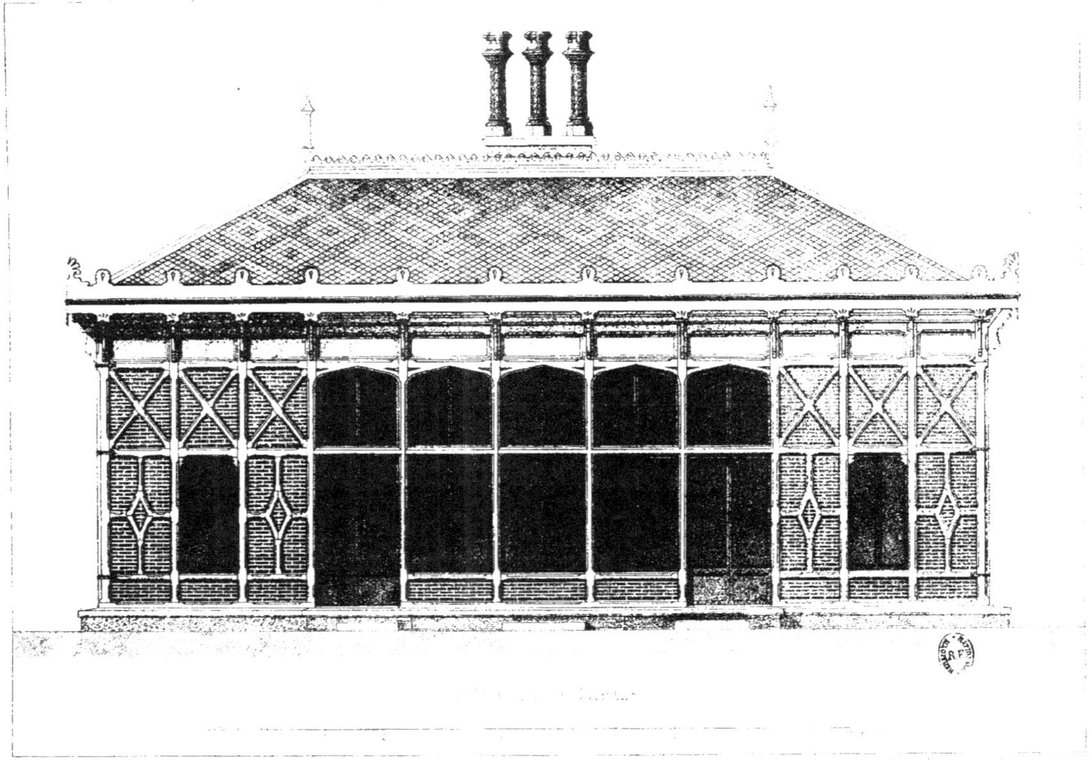

BUFFET DE LA CASCADE

Élévation principale
Élévation latérale de l'Extérieur du Bois
PAVILLON DE LA PORTE DE CHAMPROSAY

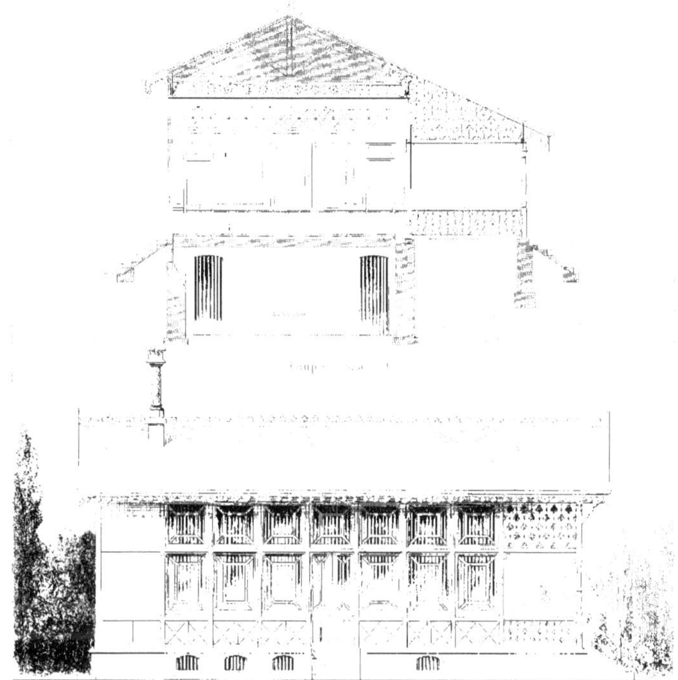

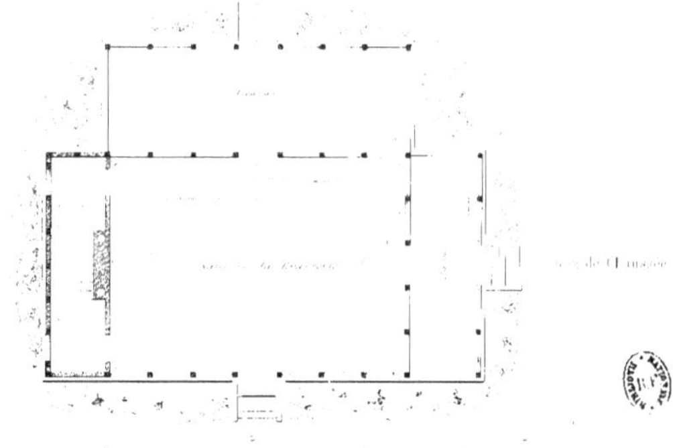

PAVILLONS des PORTES de BOULOGNE et de l'HIPPODROME

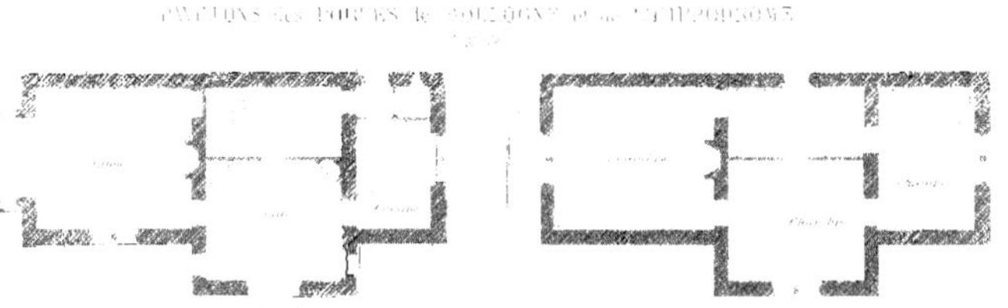

PAVILLONS de la PORTE de MADRID

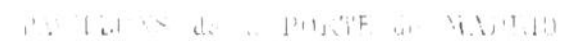

PAVILLONS de la PORTE de NEUILLY

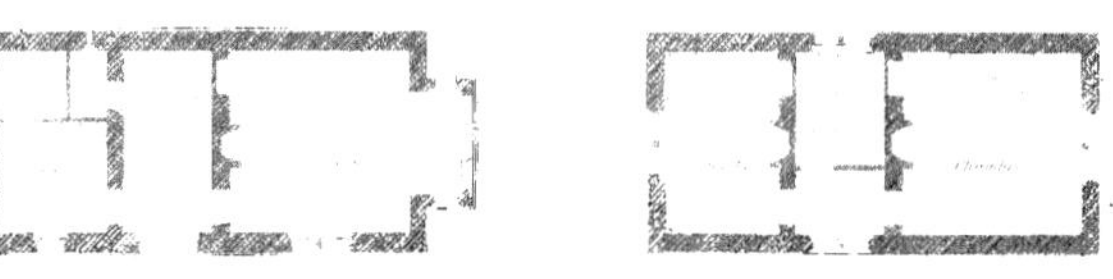

PAVILLONS des PORTES des PRINCES de St CLOUD et des SABLONS

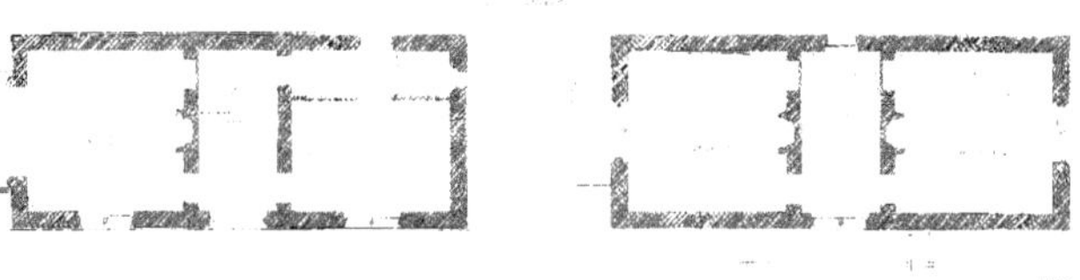

PAVILLONS DES PORTES DES PRINCES, DE ST CLOUD ET DES SABLONS

Croquis de Marqueterie. — Le Plafond est dessiné au moyen
Coupe partielle au travers du Kiosque
Etage inférieur   Etage supérieur
Plan
KIOSQUE DE L'ILE
PARIS

LA GRANDE CASCADE

LE BOIS DE BOULOGNE ARCHITECTURAL

PLAN GÉNÉRAL